내가 좋아하는 장소에게

건축가 김수근 이야기

샘터어린이

샘터가 소망하는 우리 아이들의 얼굴입니다.
이 행복한 마음 담아 여러분 곁으로 찾아가겠습니다.
www.isamtoh.com

내가 좋아하는 청소에게

이민아 글 오정택 그림

샘터솔방울 인물 03

내가 좋아하는 장소에게
건축가 김수근 이야기

1판 1쇄 펴냄 2006년 6월 20일
1판 8쇄 펴냄 2016년 5월 30일

글 이민아
그림 오정택
펴낸이 김성구

책임편집 조주영
자료도움 김수근문화재단·공간사
마케팅 손기주 | **제작** 신태섭

펴낸곳 (주)샘터사 | **등록** 2001년 10월 15일 제1-2923호
주소 서울 종로구 대학로 116(03086)
전화 아동서팀(02)763-8963 마케팅부(02)763-8966 | **팩스** (02)3672-1873
전자우편 kidsbook@isamtoh.com | **홈페이지** www.isamtoh.com

인쇄 서진인쇄 | **제본** 정원문화사 | **용지** 월드페이퍼

ⓒ 김수근문화재단·그림 오정택·사진 오사무 무라이, 2006
ISBN 978-89-464-1613-0 73810

이 도서의 국립중앙도서관 출판시도서목록(CIP)은 e-CIP 홈페이지(http://www.nl.go.kr/cip.php)에서
이용하실 수 있습니다. (CIP제어번호 : CIP2006001256)

● 이 책의 인세는 김수근문화재단에 기부되어 김수근 선생님의 기념사업과 우리 문화예술의 진흥 발전을 위해 사용됩니다.
● '샘터 1% 나눔 실천' 샘터는 모든 책 인세의 1%를 '샘터파랑새기금'으로 조성하여 소년소녀 가장의 주거비로 아름다운재단에 기부하고 있습니다.
● 이 책은 저작권법에 의해 보호를 받는 저작물입니다. 이 책에 수록된 글과 이미지를 사용하고자 할 때에는 반드시 저작권자와 샘터사의 서면 허락을 받아야 합니다.

이 책은

_____ 의 것입니다.

건축가에게 가장 중요한 일은
대지가 어떤 집을 기다리고 있는가를 생각하는 것입니다.
건축가가 어떤 모양의 집을 짓고 싶다는 것은
그 다음의 일입니다.
'대지는 어떤 집이 자기에게 놓이길 원할까?'
대지의 마음을 먼저 헤아리는 일이 김수근에겐 언제나 첫 번째였습니다.
왜냐하면 대지가, 집이 들어서기 전보다
먼저 사람들을 만났기 때문입니다.

내가 좋아하는 장소에게 차례

건축가는 어떤 생각을 할까? 14
사색과 창작

사람다운 공간

엄마가 있는 집

따뜻한 벽돌 24
빨간 벽돌로 지은 집, 경동교회

길고 깊은 이야기를 담고 있는 도면

담쟁이덩굴 심기

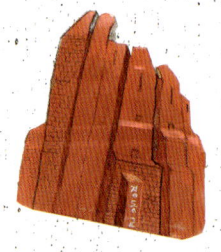

까만 벽돌로 지은 공간 38
공간 사옥

조형

길, 나무, 장소 52
북촌길

내 몸의 크기를 기억하는 골목길

아르코 예술극장

아르코 미술관

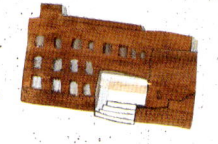

김수근 소개 및 주요 작품 연보 72

이 책에 나온 집 찾아가는 길 78

작가 소개 79

김수근은 대지가 기다리는 집을 짓고 싶었습니다.
대지는 집이 있기 전부터 그 곳에 있던 사람들과 이야기를 나누었고,
그 일을 처음부터 기억하고 있기 때문입니다.
사람들과 대지의 기억을 존중하는 마음,
건축가에게 가장 소중한 것이라고 김수근은 생각했습니다.

그림을 그리고, 바이올린을 연주하고, 조각을 하는 모습은
우리 주변에서 종종 볼 수 있습니다.
무엇을 할 때 건축을 한다고 얘기하는 것일까요?
친구들과 놀이터 바닥에 금을 긋고 경계를 만들고,
집에 이르기까지의 동네 지도를 그려 본 적이 있었다면
이미 건축을 알고 있는 것입니다.
창가에 화분을 내어다 놓고,
방 안의 책상을 돌려 놓아 새삼 새롭고 깨끗한 벽을 만나는 일들……
이렇게 평범하지만 작은 일들에서
건축은 조그맣게 시작됩니다.

건축가는 어떤 생각을 할가?

고대 그리스의 철학자들은 철학이 인간의 놀라움에서 생겨났다고 믿었습니다.

철학자들은 인간이 산다는 것을 경이롭게 여겼어요. 그래서 철학 문제들이 자연스럽게 생겨났다는 것입니다. 훌륭한 철학자에게 꼭 필요한 한 가지는 놀라워할 줄 아는 능력이었어요.

건축도 크게 다르지 않습니다. 주변의 것들에 대해 궁금해하고 질문하고 사랑하는 마음에서 시작되는 것이지요.

계단을 밟을 때를 떠올려 볼까요.

계단은 내 몸무게와 신발의 종류에 따라 다른 소리를 냈을 것입니다. 그런데 그 계단에 걸터 앉아 보세요. 계단이 내게 다른 풍경을 보여 줄 것입니다.

창문 안으로 줄기를 들여 놓는 담쟁이덩굴을 볼까요.

줄기와 이파리들은 계절마다 다른 색으로 아름다운 선물을 줄 것입니다.

이렇게 나를 둘러싼 주변을 꼼꼼히 관찰하고 이야기를 나누며, 작은 것들 곁으로 되돌아가 보는 거예요.

우리는 누구나 사색을 합니다. 사색은 생각하는 것과는 조금 달라요. 사색은 작은 일이거나 큰 일이거나 상관없이 우리를 고민에 빠뜨리게 하지요. 마음을 설레이게 만들어요. 그리고 어떤 때에는 깊은 반성을 하게 합니다. 사색을 할 때는 겸손해집니다. 어떤 것에 대하여 곱씹고 곱씹어 봅니다.

사색을 하는 동안 어른과 아이의 마음은 끊임없이 성장하지요. 창작할 수 있는 힘도 얻게 됩니다.

사색과 창작은 다른 동물과는 다르게 인간만이 할 수 있는 일이라고 김수근은 말했습니다. 그래서 '사색하고 창작을 하는 공간'을, 많은 공간들 가운데 가장 '사람다운 공간'이라고 했습니다. 그렇기 때문에 이러한 공간을 마련하는 일이 건축의 중요한 역할이라고 생각했어요. 그것은 밥을 먹거나 잠을 자는 생활을 위한 공간도 아니고, 서류를 작성하거나 물건을 사고 파는 일을 하는 공간도 아닙니다. 이를 넘어선 공간을 말하지요. 책을 읽고, 그림을 그리거나 편지를 쓰며 마음을 가다듬게 되는 공간을 뜻합니다. 그곳에서 하루종일 한 가지 일로 고민을 하기도 합니다.

인간에게는 누구에게나 이러한 공간이 필요합니다.

그래서 김수근은 모든 건축물은 이 두 가지를 다 할 수 있는 여유로운 공간을 포함하고 있어야 한다고 생각했어요. 여유로움은 공간이 넓어야만 느낄 수 있는 것은 아니에요. 작은 공간일지라도 마음의 평정을 잃지 않는 기쁨이 김수근이 강조한 여유로움입니다.

'집에 돌아오면 엄마가 어디 있을까?' 하고 생각합니다. 엄마가 지금 어느 곳에 있는지 가장 궁금하지요. 마당에 있을까? 부엌에 있을까? 아니면 안방에 누워 있을까? 엄마가 어디 있는지 확인해 두는 것만으로도 기쁘지요.

엄마가 어딘가에 있을 것 같은 느낌은 눈앞의 공간을 가득 채웁니다. 따뜻한 부피감이 느껴집니다.

그러나 우리는 자라면서 집 안 어느 곳엔가 늘 있을 것 같은 엄마가, 언제나 있는 것이 아니라는 것을 깨닫게 됩니다.

그럴 때면 마음 속에 불현듯 쓸쓸함이 느껴집니다. '집'과 '어머니'는 늘 한 덩어리로 뭉뚱그려져 있을 것이라고 기대했기 때문일까요?

'집'은 우리가 태어나 세상과 만나는 첫 장소입니다.

하지만 자라면서 집을 떠나고 돌아오기를 반복하지요. 더 좋은 풍경과 이웃을 동경해서 집을 떠나기도 해요. 그리고 새 집을 소망하고 떠나기도 합니다.

김수근은 집에 대해 이렇게 이야기했어요.

"집이란 언제 돌아가게 될지 나 자신도 알 수 없을 때 더 잘 느낄 수 있어요. 이럴 때일수록 집은 마음 속 깊은 곳과 더욱 가깝게 연결됩니다. 오래오래 멀리 떨어져 있을수록 집이란 나는 어머니가 계시는 곳이라고 생각했어요."

건축가의 마음 속에 있는 것들은 이렇듯 특별한 것이 아니에요.

따뜻한 벽돌

벽돌은 어디서든 쉽게 만날 수 있습니다.

김수근은 벽돌에 특별한 관심을 두었습니다.

벽돌 건물은 투박하고 거칠거칠한 덩어리들이 의지하듯 모여 있는 모습이지요.

건축물의 재료는 인간과 자연의 관계를 정직하게 말해 줍니다. 그것은 그 시대의 문화를 담고 있어요.

벽돌에는 깊이가 있어요. 그 깊이에는 빛이 담겨 있습니다.

벽돌과 똑같은 색깔을 갖는 타일이 있다고 해 보세요. 겉으로 봐서는 벽돌처럼 보일지 모르겠지만, 한눈에 벽돌과 다르다는 것을 알 수 있어요. 그 이유를 김수근은 타일이 벽돌처럼 깊이 있는 빛을 지니고 있지 않기 때문이라고 했습니다.

벽돌에 대한 김수근의 관심과 사랑은 건축물에 따라 조금씩 다르게 표현되기도 했습니다. 벽돌은 아주 높이 쌓을 수 있는 재료가 아니어서 큰 건축물을 지을 때 심각한 제약을 받았습니다.

건축물이 커지면서 콘크리트로 만들어진 구조체가 필요하게 된 것이지요. 덕분에 벽돌들의 역할은 점차 자유로워졌어요. 콘크리트가 건축물을 지탱시킬 수 있게 되면서 벽돌들이 불규칙적으로 쌓이기도 하고 들쑥날쑥 쌓일 수 있게 된 것이지요.

벽돌은 반 쪽으로 툭툭 잘라내서 사용되기도 하였어요.

김수근은 벽돌이 울퉁불퉁해져서 만들어 내는 자연스러운 모습을 사랑했습니다.

왜 벽돌을 그렇게 좋아하느냐는 질문들에 김수근은 한결같이 이렇게 답하였어요.

"나는 벽돌이 지니는 따뜻함을 사랑해요. 벽돌은 한 장 한 장 손으로 쌓아야만 하고, 이것은 나에게 많은 것을 가르쳐 줍니다."

벽돌이 쌓이면서 생기는 따뜻한 느낌은 벽돌이라는 재료에서 나오는 것입니다.

김수근은 따뜻하고 빛의 깊이를 간직한 벽돌들로 교회를 짓게 됩니다.

교회를 짓는 것은 사람들의 마음 속에 평온한 환경을 만들어 주는 일이라고 김수근은 생각했습니다.

교회란 무엇일까?

교회를 다니고 있지 않았기 때문에 김수근은 더욱 치열하게 생각하고 공부하였지요. 교회를 설계하면서 종교는 신을 향하는 것이기도 하지만, 인간을 위한 것이기도 하다고 생각했어요. 그래서 교회 건축물은 하늘을 향한 높은 건물이기보다는 이웃 모두에게 다가가기 쉬운 집이 되었으면 하고 바랐습니다. 따뜻하게 열려 있는 집처럼 만들고 싶었어요.

그래서 교회는 높은 산, 광활한 대지, 아름다운 수풀 속에 있는 것보다 번잡한 주택가, 상가, 빈민가에 위치하는 것이 더욱 맞다고 이야기하였지요.

우리 나라에 기독교가 들어온 이후 교회의 수는 끊임없이 늘어났지만, 교회 건축이 어떠해야 된다는 것은 많이 생각하지 못하였어요. 대부분의 사람들은 높은 종탑과 뾰족한 고딕 양식*을 따라 지은 교회가 훌륭한 교회 건물이라고 생각했습니다.

김수근은 사람들이 교회가 어떤 모습인지는 정확히 그릴 수 없더라도, 교회가 그 길가에 있다는 사실을 분명히 기억할 수 있었으면 했습니다. 교회가 고유한 형태를 가지고 있었으면 좋겠다고 생각했어요. 그래서 김수근이 지은 교회(마산양덕성당, 경동교회, 불광동교회)는 서로 조금씩 닮아 있습니다. 모두 작은 벽돌들로 만들어졌고, 교회 안으로 들어가기 전에 벽돌 계단과 벽돌 벽을 따라 잠시 느리게 걸어야 하는 여정이 있지요. 교회가 우리에게 먼저 말을 걸어 주고, 고민을 나누려 하는 친근함이 느껴집니다.

*고딕 양식 | 중세 후기 서유럽에서 건축, 회화, 조각, 음악 등에 퍼졌던 예술 양식.

김수근은 도면 위에 기둥과 벽, 계단들을 그려 넣었습니다.

그러나 그보다 먼저 김수근의 마음 속에 그려지는 것은 그 집에서 살게 될 사람들의 움직임, 표정 그리고 그림자들입니다.

기둥에 기대어 있는 사람, 계단에 앉아 있는 사람, 창문을 항상 닫고 지내고 싶은 사람, 구석에서 자주 쉬고 싶은 사람……

건축가는 상상을 통해서 그 집에서 살게 될 사람들을 만납니다. 건축가의 상상은 끝이 없습니다. 그 안에 살게 될 사람을 사랑하기 때문입니다.

그렇기 때문에 도면은 종이라는 물질이지만, 매우 길고 깊은 이야기를 담고 있는 것이지요.

경동 교회 단면도

열매를 반으로 잘라 속을 들여다보듯, 단면도는 건축물을 위에서 아래로 자른 도면입니다.
경동교회의 입구와 예배 본당에서의 사람들 모습을 상상할 수 있습니다.

경동 교회 엑소 노메트릭

엑소노메트릭은 일정한 높이에서 건축물을 내려다본 모습을 그린 그림입니다.

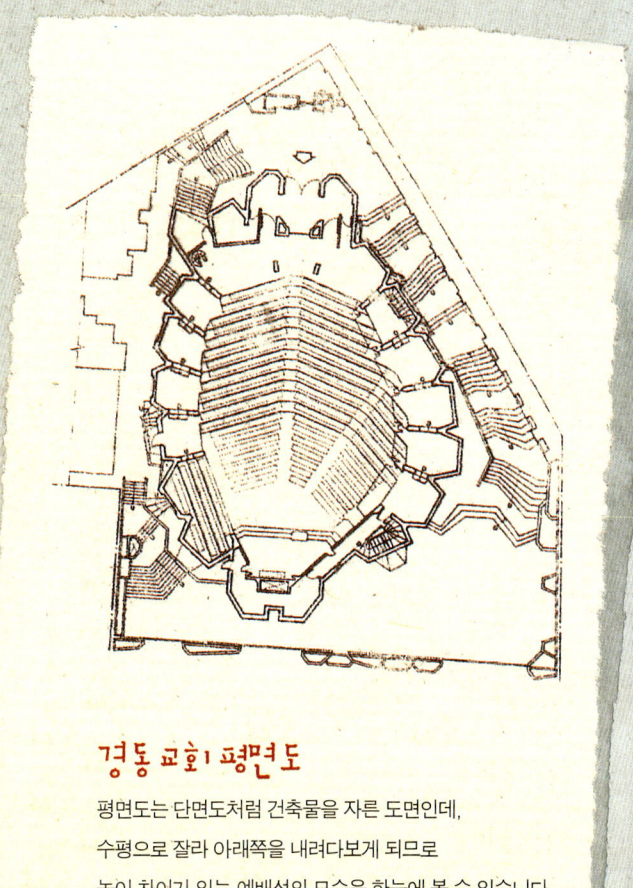

경동 교회 평면도

평면도는 단면도처럼 건축물을 자른 도면인데,
수평으로 잘라 아래쪽을 내려다보게 되므로
높이 차이가 있는 예배석의 모습을 한눈에 볼 수 있습니다.

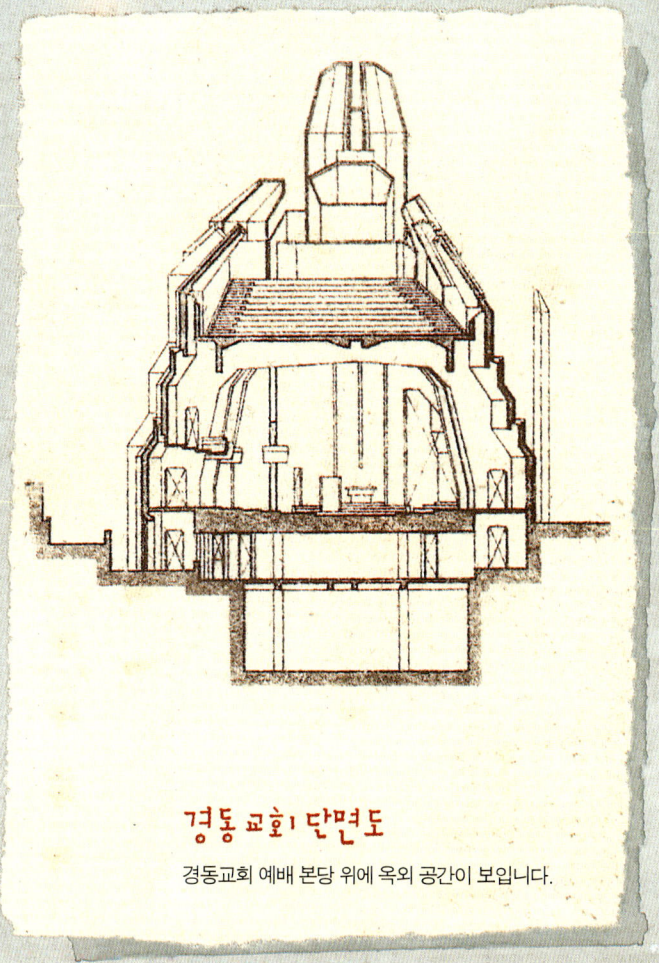

경동 교회 단면도

경동교회 예배 본당 위에 옥외 공간이 보입니다.

하나의 건축물이 완성되기 위해서는 많은 사람들이 모입니다. 설계를 하는 건축가, 일꾼들을 직접 감독하고 지시하는 현장소장, 건축기사, 유리공, 목수, 페인트공, 용접공…… 많은 사람들이 함께 서로 존중하며 일하게 되지요. 이 많은 사람들이 실수 없이 좋은 집을 완성하려면 공사하는 사람들과 건축가는 서로 약속을 지켜야 해요. 그 약속들을 종이 위에 옮겨 그린 것을 '도면'이라고 부릅니다.

건축가는 도면 위에 세상에 대한 사랑을 담습니다. 일기를 쓰듯이 도면 위에 자연스럽게 고백합니다. 건축가는 자신이 하고 싶은 이야기와 꿈들을 도면 곳곳에 숨겨 놓기도 하지요. 이 고백을 다른 사람들이 모두 알아채지 못하더라도 건축가는 괜찮아요. 왜냐하면 도면을 그리고 있는 그 자체만으로도 건축가는 행복하기 때문입니다.

담쟁이덩굴과 벽돌이 만나도록 하는 일도 건축가의 결정입니다.

김수근은 도면 위에 벽을 가리키는 화살표 한 개를 그리고, 그 옆에 조그맣게 '담쟁이덩굴 심기'라고 적어 놓았습니다. 아주 간단하고 소박한 결정이지만, 식물과 건축 재료의 만남이 이루어지게 한 것이지요. 이들이 만들어 내는 환경의 변화는 시간이 흐를수록 빛을 발합니다.

건축가는 나무들과 건축물이 어떤 이야기를 나누는지 잘 읽을 수 있어야 해요. 단풍이 지는 나무, 낙엽을 만들지 않는 나무, 일찍 꽃을 피우는 나무 등 여러 종류의 식물을 이해하고 있어야 해요. 집 옆에 심은 나무가 그늘을 어디까지 만드는지, 나무가 떨어뜨린 잎들을 빗자루로 어떻게 쓸어 내야 하는지도 고민해야 하니까요.

담쟁이덩굴은 벽에 의지하여 숨을 쉽니다. 담쟁이덩굴과 벽은 햇빛, 바람의 도움을 받아 더 아름다워집니다.

김수근의 벽돌 벽을 보세요. 낙엽이 지고, 흰눈을 받을 때 갑자기 아름다운 모자이크를 만들어 냅니다. 벽이 항상 자연과 열심히 대화하고 있다는 것을 쉽게 알 수 있지요.

 까만 벽돌로 지은 공간

여러분이 가장 아끼는 장소가 한 곳씩 있을 것입니다. 아무도 모르게 기억하고 있는 낙서가 있는 곳, 담, 계단 뒤, 운동장 한구석……. 장소는 그 곳에 있었던 크고 작은 모든 것들을 기억합니다.

여러분이 친구를 만났던 일, 친구의 표정, 혼자서 울었던 일들……. 장소는 그 곳에서 있었던 일들을 모두 이해할 줄도 알아요.

장소는 두 개의 단어와 각별한 관계를 가지고 있어요. 하나는 '공간'이고, 다른 하나는 '풍경'이에요.

김수근은 이 중에서 '공간(空間)'이라는 단어에 크게 끌렸어요. '인간(人間)'과 '시간(時間)'이란 단어도 모두 똑같은 '간(間)'자를 쓰고 있기 때문이기도 했습니다. 간(間)이란 무엇과 무엇의 사이를 말해요.

풍경은 눈에 보이는 것과 마음 속에 담겨지는 것이지만, 공간은 눈, 마음뿐만 아니라 귀, 체온 등으로 느껴지는 것이지요.

거문고 소리를 생각해 볼까요. 한 음이 울리고 다음 음이 울리기까지 그 사이[間]에 말할 수 없는 여운이 남습니다. 음과 음 사이의 간격은 처음에는 '시간'이라고 말할 수 있어요. 그런데 거문고를 타는 연주자와 악기가 하나를 이루는 순간, '공간'으로 전환되는 거예요. 연주자는 음과 음 사이의 공간을 연주하는 것입니다.

손님을 맞이하는 장소

각각의 공간을 이어 주는 계단

김수근 선생님이 그린 공간 사옥 스케치

어떤 집을 지을 것인가 이야기를 나누는 회의실

공간 사옥은 한 발자국씩 옮길 때마다 기대하지 않았던 장면과 마주치게 되어요. 마치 산책로를 걷는 듯 설레입니다. 어디가 끝인지 보여 주지 않아요. 우리에게 익숙한 위치와 순간에 벽과 바닥, 문 심지어 계단까지도 잘 나타나 주지 않아요.

김수근은 이 집을 들어설 때 느끼는 공간의 크기를 그 사람의 마음 속에 맡겨 놓았어요. 실제 그 장소를 쓰고 있는 사람들이 창의력과 무한한 상상력으로 그 공간을 완성하기를 바랐습니다.

김수근은 창덕궁 옆에 직원들과 함께 사용할 집을 짓게 됩니다. 이 집이 '공간 사옥'입니다. 어떤 집을 지을 것인지 생각하고 설계하는 곳입니다. 김수근은 이곳에서 직원들과 함께 회의도 하고 밤을 새워 가며 도면을 그렸습니다.

김수근은 이 집을 검정 전벽돌*로 지었습니다. 주변에 이웃한 창덕궁 지붕의 검정 기와와 느낌이 많이 닮은 재료입니다. 그 장소를 훨씬 먼저 지켜오고 있던 궁궐과 한참 후에 들어온 공간 사옥이, 오랜 시간 동안 함께 숨쉬고 있어 왔던 모습처럼 조화롭습니다.

공간 사옥은 입구에 들어서면 내가 몇 층에 있는 것인지 알 수 없는 공간을 느끼게 합니다. 이 공간은 우리 전통 한옥에서 볼 수 있는 대청마루처럼 서로 다른 공간들을 연결지어 주어요.

다시 비껴서면 문득 다른 공간 속에 들어와 있음을 알게 되지요. 이 집의 입구에 들어선 것만으로도 깊은 사색에 빠지기도 합니다.

공간 사옥은 안으로 걸음을 옮길 때마다 공간의 깊이가 다르게 느껴지도록 만들어졌습니다. 마치 아름다운 책의 책장을 넘기는 것처럼 깊이감이 느껴져요.

*전벽돌 | 우리 선조들이 궁궐, 성곽 등을 만들 때 사용하던 벽돌.

도면을 그리는 설계실

다양한 예술 활동이 펼쳐지는 '공간사랑'

김수근 선생님의 작업실

건축가가 만들어 놓은 건물에서 사람들은 즐거워하고, 편안해합니다. 간혹 불편해하기도 하지요. 사람들의 반응 때문에 건축가는 고민하게 됩니다. 그리고 그 반응을 사랑합니다.

건축가는 사람들이 좋아했던 것과 불편해했던 것을 잘 기억해 둡니다. 그 노력은 다음 건물을 지을 때 드러나게 되지요. 이러한 일들이 창작의 과정입니다.

김수근은 창조 능력은 독서에서 시작된다고 하였어요.
"건축가가 되려면 책을 읽어야 합니다. 훌륭한 건축가가 되려면 될 수 있는 대로 책을 많이 읽으세요."

김수근은 설계를 할 때 책에서 많은 도움을 받았다고 자주 얘기했습니다. 우리가 읽는 소설과 시 속에는 다양한 모습의 방과 집, 여러 도시의 모습이 나타납니다. 김수근은 책을 읽으면서 공간과 장소를 상상하는 연습을 했습니다.

김수근은 우리 전통 건축에서 깊은 감동을 받았습니다. 선조들이 만들어 놓은 건축 형태를 빌려오는 것이 아니라, 그 속에 흐르는 생명의 힘을 얻기 위해 노력하였습니다.

김수근은 우리 전통 한옥에 있는 대청마루를 주목하였습니다.

"우리의 건축에는 여유가 있고, 구별이 없어요. 안과 밖으로 구분되지 않는 중간 성격의 마루가 있습니다. 이 공간은 매우 잘 변하지요. 겨울에는 위에 걸어둔 들창을 내려 내부 공간으로 만들고, 여름에는 활짝 열어 시원한 외부 공간처럼 쓸 수 있습니다."

대청마루에 걸터앉아 있으면 집안에 있는 것인지 집 밖에 있는 것인지 분간하기가 어렵습니다. 내부인 듯 외부인 듯 하늘과 별과 그림자를 통하여 겨우 알 수 있을 뿐이지요.

공간 사옥 입구의 공간은 이러한 생각을 잘 간직하고 있습니다. 그곳에서 손님을 맞이하기도 하고, 직원들이 쉬기도 하고, 낙엽이 지고, 눈 내리는 것을 감상하기도 합니다.

모든 만들어진 것의 형태를 '조형'이라고 합니다.

우리가 매일 쓰고 버리는 일회용 컵, 책가방, 가구들, 집, 자동차 등 각각의 사물들은 모두 모양과 형태를 갖고 있어요. 그렇기 때문에 조형물이라고 할 수 있지요. 나무와 바람, 햇빛은 조형물이 아니지만, 볕과 그림자가 아름답게 만나는 마당은 조형물이라고 할 수 있어요.

각각의 조형물은 저마다 느낌이 있어요. 만드는 사람의 생각과 오랜 까닭들이 조형물의 겉모습에 담기기 때문이지요.

김수근은 우리 선조가 만든 조형물의 형태에 특별히 관심이 많았어요.

공간 사옥의 마당과 입구에는 종, 탑, 넓적한 돌그릇이 있습니다. 이것들은 보기에도 아름다울 뿐만 아니라, 보는 사람의 생각을 가다듬게 하는 정신을 담고 있습니다.

김수근은 보이는 것 말고도, 보이지는 않지만 정신에 영향을 주는 것들을 더 소중하게 생각했습니다.

길, 나무, 장소

길에 대해 이야기를 한다면, 어떤 장소에 빨리 가고 싶어서 뛰어갔던 일만 기억하고 있지는 않을 거예요. 더 소중하게 마음에 남은 무엇인가가 있을 거예요.

그 길을 함께 걸었던 친구, 길가에 죽 늘어서 있던 나무, 꼬리를 흔들던 개, 햇빛, 나무의 그림자가 드리워진 벽, 잠깐 걸터앉았던 짧은 계단…….

길은 어떤 장소에 도착하기 위해서만 있는 것이 아니에요.

우리가 길 위에서 어떤 즐거움을 느끼고, 어떤 생각을 하고, 어떤 발견을 하였는지가 중요합니다.

길은 나를 집으로, 동네 밖으로, 도시로 옮겨 주는 동시에 그 위에 서서 떠들어 대고, 속삭이기도 하고, 건들거리기도 하는 모든 자잘한 모습들을 담아 주어요. 그래서 김수근은 '길은 어느 도시에서든지 그 안에서 사는 사람들의 삶 속에 공기처럼 중요한 것'이라고 생각했습니다.

김수근은 어린 시절, 서울의 삼청동, 가회동, 원서동을 수차례 옮겨 다니며 살았습니다. 사람들은 이 곳을 '북촌'이라고 불렀어요. 북촌은 우리 전통 한옥이 아주 많은 동네였어요. 좁고 구불거리고 오르락내리락하는 골목길에서 따뜻하고 신나는 동네의 축제가 벌어지곤 했지요. 김수근은 이 길을 무척 사랑했습니다.

김수근은 이 길에 대한 기억을 이렇게 말했습니다.

"어린 시절 서울의 가회동과 낙원동, 제동과 인사동을 중심으로 해서 꼬불꼬불한 많은 길을 누비고 걸어다녔습니다. 자전거도 타고 제기도 차며 그 길 속에서 자랐습니다. 그 때의 길은 나에게 마당이었고, 놀이터였고, 거실이었고, 휴식의 장소였습니다. 나의 몸의 크기와 살갗에 알맞은 주위 공간이었습니다."

경복궁

'크기'는 한눈에 쉽게 알 수 있는 것도 있지만, 어떤 것은 볼 때마다 크기가 달라지기도 해요.

나의 방, 집의 대문, 학교 운동장의 크기는 다르게 느껴질 때가 있었을 거예요. 크기가 달라졌다는 것을 알게 되는 순간, 달라진 것은 오히려 나였다는 것을 발견하게 될 것입니다. 어릴 때 본 골목의 크기와 커서 보는 골목의 크기가 다르게 느껴지는 것도 비슷한 이유 때문입니다.

'크기'는 정밀하게 측정한 숫자로만 다 말할 수 없습니다. 특히 건축가는 크기를 읽을 때 조금 다른 태도를 가져야 해요. 사물과 공간에 영향을 주는 주변의 것들에 대해서도 신경을 써야 합니다.

사람들이 편안함을 느낄 수 있는 적절한 크기를 '인간적 척도(휴먼 스케일)'라고 부릅니다. 인간적 척도는 김수근이 건축에 있어서 가장 중요하게 생각한 덕목이었어요.

김수근은 좁고 구불구불한 북촌길에서 언제나 편안함을 느꼈어요.

그런데 사람들이 서울 종로의 골목길은 좁고 복잡한 길이라며 모두 무너뜨리고 쭉 뻗은 새로운 길을 내자고 주장했어요.

하지만 김수근은 이 계획에 반대하였어요. 김수근 혼자서 이 계획에 반대하는 일은 너무 외로운 일이었습니다.

김수근은 도시와 건축과 길은 한 가지 중요한 목표를 바라보고 있어야 된다고 생각했어요. 그 중에서도 가장 중요한 것은 인간이어야 한다고 생각했습니다. 길과 건축물은 반드시 서로를 위해 배려할 수 있고, 이것은 결국 인간을 위한 배려라고 생각했습니다.

김수근은 이 믿음을 실천하게 됩니다.

서울 동숭동의 대학로는 형형색색의 그림과 글자들로 뒤덮여 있지요. 문화의 거리라는 오래 된 이름을 가지고 있지만, 지금은 춤추고 뛰며, 예쁜 고무줄을 사고, 맛있는 군것질을 실컷 해 보며 즐겁게 놀아도 되는 장소로 어느덧 바뀌어 있습니다.

도시의 길은 기억력이 뛰어납니다.

닳아버린 벤치와 바닥에 깔린 돌은 사람들이 어떻게 모였는지 어떻게 사라졌는지 기억합니다. 오래 된 일기장처럼 고스란히 기록하고 있어요.

천천히 대학로를 걸어 보면 대학로의 중심을 지키고 있는 중요한 건축물들을 발견하게 됩니다. 마로니에 공원, 오래 된 나무들, 서울의 옛 경계였던 능선을 간직하고 있는 낙산, 그리고 이 아름다운 자연을 존중하며 모여 있는 벽돌 건축물들…….

이 건축물들의 형태는 그렇게 중요한 것이 아니에요. 이 건축물들이 왜 이런 모습으로 여기에 있는지를 이해하는 것이 우선일 테니까요.

김수근은 아르코 미술관이 들어선 대지의 끝자락을 가지고 있었어요. 당시 그 곳에는 고급 아파트가 건설될 계획이었지요.

김수근은 이 계획에 대하여 강하게 반대하였어요. 김수근은 그 대지를 포함해서 마로니에 공원 전체를 전시장, 공연장 등으로 구성된 문화의 장소로 만들자고 하였습니다. 대학로에서 자신이 어린 시절 북촌의 골목에서 경험했던 길의 의미를 되새기고 싶었던 것입니다.

김수근은 지친 서울 한복판에 차 없는 대학로를 만들자고 주장했습니다. 김수근에게 간절했던 것은, 누구나 길 위에서 그림, 음악, 연극을 가깝게 만나고 그 장소의 주인이 되는 것이었어요.

김수근은 아르코 미술관을 설계할 때, 이것은 건물이 되어야 한다라고 생각하지 않았습니다. 단지 좋은 장소를 만들고 싶었습니다.

미술관 안에서도 주변의 아름다운 자연과 사람들을 가깝게 이어 주고 싶었어요. 미술관 안에서나 밖에서나 어느 곳에 있든지 마로니에 공원을 몸으로, 눈으로, 마음껏 즐길 수 있게 하고 싶었던 것입니다.

아르코 미술관 지면 층은 건축물 앞과 뒤로 쉽게 다닐 수 있도록 지면 층 가운데가 뚫려 있었어요. 건축물로 길을 막지 않았던 것이에요. 일 층의 공간을 길의 일부로 남겨 두었지요. 공원과 낙산이 한눈에 들어오도록 배려한 것이에요.

멋진 건물을 세워서 길을 더 좋게 보이도록 고쳐 보겠다는 생각은 처음부터 없었어요. 길 위의 사람들이 건물보다 더 소중하다는 생각만 있을 뿐이었습니다.

아르코 예술극장은 보통 공연장과는 다릅니다. 공연을 위한 무대와 객석들이 어디에 있는지 보이지 않아요. 엄숙하고 장대한 공연을 한다는 것은 어림도 없을 것같이 느껴지기도 해요.

커다란 공연장에 있는 한껏 위엄을 자랑하는 계단도 없습니다. 사람을 위축되게 만들지도 않습니다. 마로니에 공원으로 천연덕스럽게 팔을 쭉 뻗듯 극장 입구가 나 있습니다.

지금까지 커다란 공연장들은 보통 사람들이 문화를 만난다는 것 자체를 마치 숙제를 하는 것처럼 어려운 일로 느껴지게 했어요. 공연을 보러 가는 것은 아주 특별한 사건이 되어 버리기도 했지요.

김수근은 연극을 관람하고, 미술관에 들러 그림을 감상하는 일들이 우리가 일상생활을 하는 것처럼 편하고 자연스러운 활동이 되길 바랐습니다.

아르코 예술극장은 막 드나들어도 될 것처럼 친근하고 편안합니다.

김수근은 건축물을 작게 보이도록 만드는 데에도 특별한 재능이 있었던 것 같아요.. 하지만 조금 더 깊이 생각해 보면 그건 재능이 아니에요.

건축물보다 사람을 더 소중하게 생각한 건축가의 철학 때문일 것입니다.

건축가의 작업은 언제나 집을 짓는 일만은 아닙니다. 짓지 않고 그 자리를 비워 둘 것을 결정하는 것도 건축가의 일입니다.

대지는 어떤 집을 기다릴까?

김수근에게 가장 중요한 질문입니다.

주변 풍경, 주변 사람들, 주변 기억과 건축물이 서로를 소외시키지 않고 배려해 주도록 하기 위하여 김수근은 늘 고민했습니다.

건축물을 지으면 그 때부터는 한 사람의 소유물을 넘어 도시 전체의 공유물이 됩니다. 누구누구의 집이라는 이름은 있겠지만, 어느 특정한 사람에게 속할 수 없는, '환경'이라는 이름으로 모두에게 소중한 장소가 되는 것이지요.

김수근은 건축가의 역할을 이렇게 설명했어요.

"우리 조상들은 집을 어떻게 짓는가보다, 어디에 짓는가, 어떻게 배치하는가가 중요하다고 했습니다. 앞뜰에 있는 감나무 가지의 그림자가 창문에 어떻게 비칠 것인가가 더욱 중요했습니다."

이웃의 창문에 드리워지는 감나무의 그림자는 감나무 주인의 것이 아니라 이웃의 것이기도 하고 언제나 우리 모두의 것이라고 생각한 것입니다.

할아버지가 사셨던 집, 아버지가 어릴 적 뛰어놀았던 장소가 소중한 것은 마루가 반질거리도록 뒹굴었던 아버지의 어린 시절을 상상할 수 있고, 할아버지가 사셨던 오래 된 시간을 집이 간직하고 있기 때문입니다.

　집이 사람을 더 오래 소유하지, 사람이 집을 더 오래 소유하지는 못합니다.

　건물을 지은 건축가보다 먼저 없어지는 건물도 많지요. 집 주인이 그 집을 싫어하게 되거나 집을 철거해야만 하는 어쩔 수 없는 상황이 되면, 이유야 어떻든지 건물은 사라져 버려요. 건축물이 사라지는 것은 장소가 사라지는 것이에요.

　사람보다 몇 배나 더 큰 덩치의 건축물이 그 자리에서 없어져 보이지 않는다는 것은 마치 친구와 헤어진 것처럼 슬프기까지 하지요.

김수근은 이 집이 누구의 것이라는 것보다 누가 어떻게 그 장소를 사용하고 있는지가 더 중요하다고 이야기했습니다.

　또 집은 연극 무대와 같다고 했어요. 막이 내릴 때까지 창의적으로 사용할 수 있도록 최선을 다하는 것이 중요하다고 했지요.

　건축가는 그 집의 주인보다 그 집에서 살고 있는 사람을 훨씬 많이 사랑해야 합니다.

　얼마나 큰 방을 갖고 있는가는 참 재미없는 질문입니다.

　'저 작은 방을 어떻게 써야 행복을 느끼게 될까?'

　이것을 생각하는 순간부터 건축가의 마음은 설레이게 됩니다.

김수근 소개 및 주요작품 연보

김수근 1931~1986

건축가 김수근은 함경남도 청진시에서 태어났습니다. 어린 시절을 우리 전통 한옥이 많았던 서울 북촌에서 보냈습니다. 종로구 가회동으로 이사한 후, 건축을 공부하고 있던 미군 병사를 통해 근대적인 건축을 접하게 된 김수근은 이때 건축가가 되겠다는 생각을 굳히게 됩니다.

1950년 서울대학교 건축학과에 입학하였으나, 6.25 전쟁이 일어나 대학 교육은 2년 만에 중단되고 김수근은 부산으로 피난을 갑니다.

1952년 일본으로 유학을 간 김수근은 와세다 대학에 입학하였으나 등록금이 없어서 입학을 포기하였습니다. 그러나 일본에서 사귄 시이나 마사오를 통해 도쿄 예술대학을 소개받고 23세에 건축학과에 입학하게 됩니다.

일본에서 공부하던 김수근은 국회의사당 현상 설계에 당선되면서 귀국하게 되고, 박춘명, 강병기와 함께 국회의사당 설계사무소를 만들어 '우리 국회를 우리 손으로 만든다'는 사명감으로 이 일에

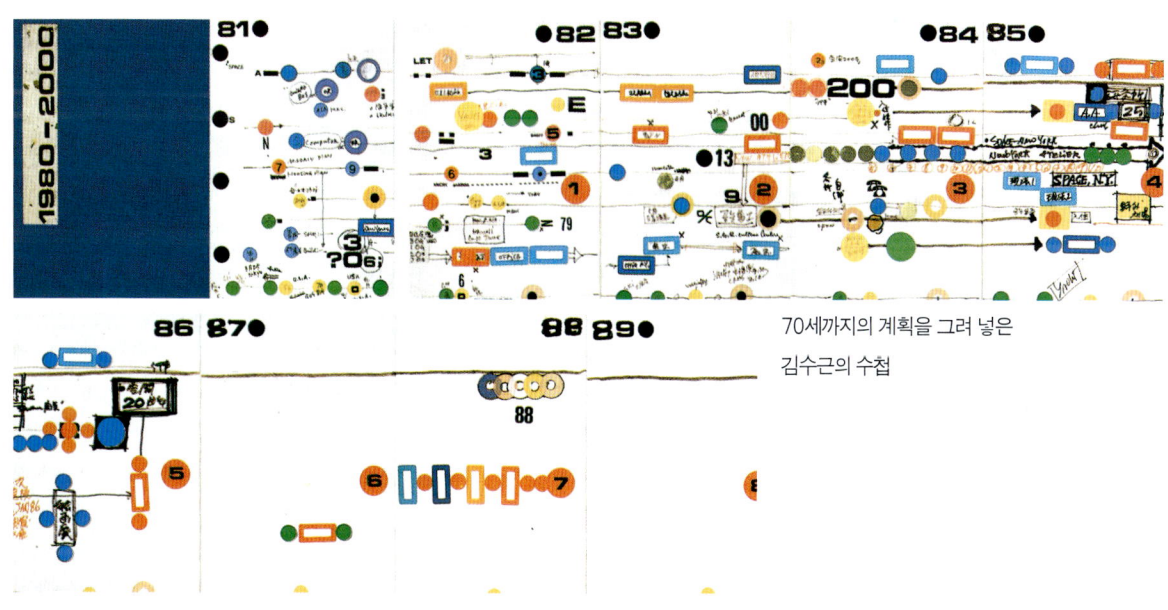

70세까지의 계획을 그려 넣은 김수근의 수첩

주요 작품 연보

김수근건축연구소를 만들다 1961

워커힐 힐탑바 1961

김수근에게 한국미를 일깨워준 최순우를 만난다 1963

자유센터 1963

한국종합기술개발공사 발족 1965

부여박물관 1965

한국일보 사옥 1965

건축, 미술, 도시 환경 전문지 〈공간〉 창간 1966

한국과학기술연구소 본관 1967

여의도 개발이 시작되다 1968

오사카엑스포한국관 1969

매진하였습니다. 그러나 5.16 군사정변이 일어났고, 이 계획은 중단되었습니다. 함께 일한 동료들과 흩어지게 된 김수근은, 그 후 종로구 송현동에 위치한 현재의 백상기념관 건물에 '김수근건축연구소'를 설립하고, 자유센터, 타워호텔 등을 설계합니다.

1963년 김수근은 자신의 건축 철학에 크나 큰 영향을 끼친 아주 특별한 사람을 만납니다. 김수근에게 한국미를 일깨워 준 고고미술학자 최순우가 바로 그입니다.

1965년 김수근은 '한국종합기술개발공사'를 만들고 서울의 도시계획에 주요한 역할을 맡게 됩니다. 이때 김수근은 한국의 도시 문제에 대해 깊이 고민하게 됩니다.

자신이 설계한 부여박물관(1965)이 일본 신사의 형태를 그대로 따랐다는 혹독한 비판을 받게 되자, 김수근은 '건축가는 과연 무엇을 하는 사람인가?' 하는 근본적인 문제에 대해 다시 한 번 진지하게 고민하였습니다.

김수근은 자신을 발견하기 위해 전국을 누볐습니다. 자신의 뿌리

공간 사옥 1971   **공간 사옥 입구**

를 찾아야 한다고 생각했습니다. 전통 한옥의 인간적 규모, 초가지붕의 선, 대청마루의 역할 등에 매혹된 김수근은 자신에게 우리 전통의 아름다움을 일깨워 준 최순우와 함께 고건축과 사찰을 열심히 찾아다니게 됩니다.

우리 전통 건축의 멋과 정신, 그 속에 흐르는 의미를 깨닫게 된 김수근은, '우리 건축은 무엇을 담고 있어야 하는가'를 찾게 되었습니다.

최순우와 함께 창덕궁의 연경당을 자주 방문하였는데 안과 밖이 모호하게 만나는 대청마루의 역할에 대해 주목하게 됩니다.

자신이 탐구해온 한국 전통의 공간 개념을 자신과 자신의 직원들이 사용할 공간사옥을 설계할 때 실현시킵니다. 바로 우리 건축 역사의 기념비가 되는 '공간 사옥'을 짓게 된 것입니다.

김수근은 우리 전통을 사랑하고, 이를 계승하고 실현한 건축가인 동시에 환경과 인간을 존중하고 사랑한 아름다운 건축가이기도 했습니다.

개발과 발전이란 이름으로 도시가 세워지고, 높은 건물들이 들어

공간 사옥 설계실

공간 사옥을 위한 김수근 선생님의 스케치

서울대학교 환경예술관 1974

잠실 올림픽주경기장 1977

서기 바빴던 60~70년대, 자연, 대지와 환경을 존중하고, 그 안에 있는 인간을 위하여 건축물을 어떻게 지어야 하는지 끊임없이 고민한 건축가였습니다.

사람들이 많이 모이고 흩어지는 번잡한 도시의 길 대학로. 그 곳에 담쟁이덩굴과 다정하게 벗하고 있는 빨간 벽돌로 지어진 '샘터 사옥'은, 김수근이 길과 사람에 대한 존중을 어떻게 건축물에 담아냈는지를 보여 주고 있습니다. 샘터 사옥 1층은 가운데 공간이 비워져 있습니다. 이것은 길 위에 있는 사람들이 편안하고 자유롭게 드나들 수 있도록 건축물이 길을 막고 있지 않게 하기 위한 것입니다. 대학로에 위치한 아르코 미술관 역시 1층 한가운데가 비워져 있

마산 양덕성당 1977　　**샘터 사옥** 1977　　**샘터 사옥 입구**

아르코 예술극장 1977　　**아르코 미술관** 1977

었습니다. 지금은 관리상의 이유로 막혀 있지만, 아르코 미술관 뒤로 흐르는 낙산의 능선과 길 위의 사람들을 배려하기 위한 것이었습니다.

문화가 빈약했던 시대에 문화 창조자이자, 숱한 후학을 양성한 교육자이기도 한 건축가 김수근은 대지와 자연을 존중하고 인간과 삶을 사랑하는 마음을 남긴 채 55세의 짧은 생을 마쳤습니다.

국민포장 1970 | **범태평양 건축상 수상** 1971
보관문화훈장 1976 | **이태리 정부로부터 문화공로훈장** 1979
철탑산업훈장 1984 | **은탑산업훈장** 1986

청주박물관 1979

강원 어린이회관 1979

경동교회 1980

천주교불광동교회 1981
주카타르한국대사관 1982
국립과학관 1984
주미한국대사관저 1983
서울법원종합청사 1986

경동교회를 짓기 위한 김수근의 스케치

이 책에 나오는 집 찾아가는 길

경복궁

지하철 3호선 안국역

공간사옥

창덕궁

지하철 4호선 혜화역

샘터 사옥

아르코 예술극장

서울대학교 병원

이화동사거리

아르코 미술관

종묘

동대문운동장

지하철 2호선 동대문운동장역

경동교회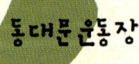

지하철 3호선 동대입구역

작가 소개

이민아

1966년에 태어났습니다.
서울대학교 건축학과, 동대학원, 네덜란드 베를라헤 건축대학원을 졸업하였습니다.
공간연구소(1991~1992)와 기오헌(1992~2003)에 근무하였습니다.
현재 협동원건축사무소 소장으로 일하면서 서울대학교 건축학과에서 학생들을 가르치고 있습니다.
최근 작품으로는 파주 교문사 사옥이 있습니다.

오정택

1972년 부산에서 태어났습니다.
홍익대학교 섬유미술과, 동대학원 공예디자인과를 졸업하였습니다.
studio gon 디자인실장(2001~2004)으로 일했으며,
2001년부터 어린이책에 그림을 그리기 시작하였습니다.
제14회 노마 콩쿠르에 입상하였고, 그린 책으로는 『오리는 일학년』
『애벌레를 위하여』『너는 커서 뭐할래?』『아무도 펼쳐보지 않은 책』들이 있습니다.
homepage_www.5tac.com